D1731882

Frohe Weihnachten und alles Gute im neuen Jahr

Zusammengestellt
von Roland Leonhardt

skv edition

Christkind kam in den Winterwald,
der Schnee war weiß, der Schnee war
   kalt.
Doch als das heil'ge Kind erschien,
fing's an, im Winterwald zu blühn.

Ernst von Wildenbruch

Über dem Horizont ganz weit in der
   Ferne
blüht ein Leuchten; wie am Rande der
   Welt.
Dies ist die Stunde der Sehnsucht, das
   Ahnen der Sterne,
deren Glanz schon die Schale der Nacht
   über uns hält.

Johanna Jonas-Lichtenwallner

Der Himmel senket sich herab und wird
zur Erden, wann steigt die Erd empor
und wird zum Himmel werden?

Angelus Silesius

Du bist das Licht,
das mein Gesicht
alleine kann berücken.
Du bist der Strahl,
der allzumal
mein Herze kann erquicken.

Angelus Silesius

Kein Sternchen mehr funkelt,
tief nächtlich umdunkelt
lag Erde so bang;
rang seufzend mit Klagen
nach leuchtenden Tagen,
ach! Harren ist lang.

Ganz plötzlich erschlossen,
vom Glanze durchgossen,
der Himmel erglüht;
es sangen die Chöre:
»Gott Preis und Gott Ehre!
Erlösung erblüht.«

Clemens Brentano

Das ewige Wort wird hier und heute
noch geboren. Wo da? Da, wo du dich
in dir hast selbst verloren.

Angelus Silesius

O schöne, herrliche Weihnachtszeit,
was bringst du Lust und Fröhlichkeit!
Wenn der heilige Christ in jedem Haus
teilt seine Gaben aus.

Und ist das Häuschen noch so klein,
so kommt der heilige Christ hinein,
und alle sind ihm lieb wie die Seinen,
die Armen und Reichen, die Großen und
  Kleinen.

Der heilige Christ an alle denkt,
ein jeder wird von ihm beschenkt.
Drum laßt uns freun und dankbar sein!
Er denkt auch unser, mein und dein.

A. H. Hoffmann von Fallersleben

Zu Neujahr

Will das Glück nach seinem Sinn
dir was Gutes schenken,
sage Dank und nimm es hin
ohne viel Bedenken.

Jede Gabe sei begrüßt,
doch vor allen Dingen:
Das, worum du dich bemühst,
möge dir gelingen.

Wilhelm Busch

Was kann der Schöpfer lieber sehen
als ein fröhliches Geschöpf?

Gotthold Ephraim Lessing

Die Tränen der Engel

Es gab einmal eine Zeit, da herrschte Zwietracht und Unfriede unter den Menschen. Das ließ die Engel verzweifeln, und sie wurden sehr traurig. Überall sah man auf Bäumen und Sträuchern, auf Dachrinnen und Laternen zu Eis gefrorene Engelstränen. Manchmal waren es sogar dicke und spitze Eiszapfen, die vielerorts herunterhingen. Nun ist zwar diese Zeit vorüber, aber in den Weihnachtstagen wird uns noch so manche Engelsträne begegnen, denn Friede auf Erden ist es noch immer nicht ganz geworden.

Roland Leonhardt

Wo keine Kinder sind, fehlt oft der kindliche Geist, der nach oben zieht; nur zu gern bemächtigt sich die Materie in hunderterlei Gestalt der Menschen und zieht sie nach unten. Kinder bleiben die Mittler zwischen Gott und den Menschen, verbinden und sühnen die Menschen miteinander.

Jeremias Gotthelf

Das heilige und liebe Kind ist uns
gegeben, als Gefährte auf dem Weg.

Franz von Assisi

Sei uns willkommen, schöner Stern,
du bringst uns Christus, unsern Herrn,
der unser lieber Heiland ist,
darum du hoch zu loben bist.

Sei uns willkommen, lieber Tag,
vor dir die Nacht nicht bleiben mag.
Leucht uns in unsre Herzen fein
mit deinem himmelischen Schein.

Erasmus Alber

Fern im Osten wird es helle,
graue Zeiten werden jung;
aus der lichten Farbenquelle
einen langen tiefen Trunk!
Alter Sehnsucht heilige Gewährung,
süße Lieb' in göttlicher Verklärung.

Endlich kommt zur Erde nieder
aller Himmel sel'ges Kind,
schaffend im Gesang weht wieder
um die Erde Lebenswind,
weht zu neuen, ewig lichten Flammen
längst verstiebte Funken hier zusammen.

Novalis

Aller Glauben ist wunderbar und
wundertätig.   Novalis

Bildnachweis:
Umschlagbild: T. Krüger
Innenbilder: S. 5: Ch. Siebert; S. 7, 9, 19, 23: K. Radtke;
S. 11: H. Herfort; S. 13: Jung/Geduldig; S. 15: G. Gölz;
S. 17: G. Eppinger; S. 21: E. Putz

Die Deutsche Bibliothek – CIP-Einheitsaufnahme

Frohe Weihnachten und alles Gute im neuen Jahr /
zsgest. von Roland Leonhardt. – Lahr : SKV-Ed., 1998
   (Kleines Grußbüchlein ; 93223)
   ISBN 3-8256-3223-7
NE: GT

Kleines Grußbüchlein 93223
© 1998 by SKV-EDITION, Lahr
Gesamtherstellung:
St.-Johannis-Druckerei, 77922 Lahr
Printed in Germany   6070/1998